SOCIÉTÉ

DES

...ELS ET DES COMMERÇANTS DE FRANCE

60, Faubourg-Poissonnière, Paris

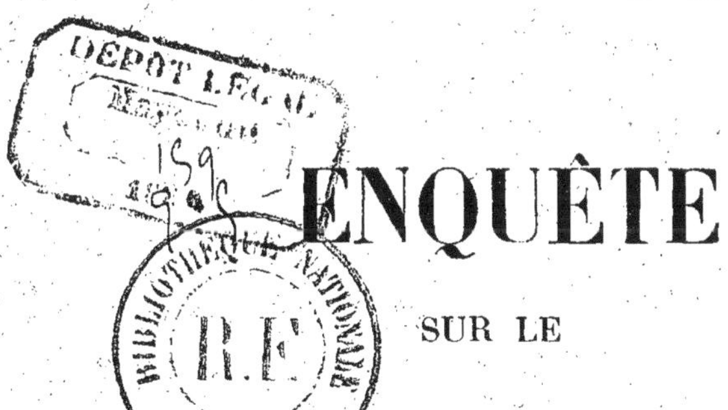

ENQUÊTE

SUR LE

EFFETS DE LA LOI DU 30 MARS 1900

Réglementant la durée légale de la journée de travail

(Extrait de la Revue Internationale du Commerce, de l'Industrie et de la Banque)

PARIS

LIBRAIRIE GUILLAUMIN ET Cⁱᵉ

14, RUE RICHELIEU, 14

1905

SOCIÉTÉ
des Industriels et des Commerçants
DE FRANCE
Fondée en Mars 1895

COMITÉ D'HONNEUR ET DE PATRONAGE

MM. Godin, Sénateur, Ancien Ministre.
Lourties, Sénateur, Ancien Ministre du Commerce.
Millaud, Sénateur, Ancien Ministre des Travaux Publics.
Poirrier, Sénateur, Ancien Président de la Chambre de Commerce de Paris.
Barthou, Député, Ancien Ministre de l'Intérieur.
Caillaux, Député, Ancien Ministre des Finances
Delombre (Paul), Député, Ancien Ministre du Commerce.
Siegfried (Jules), Député, Ancien Ministre du Commerce.
Chaumet, Député de la Gironde.
Mill (Louis), Député du Pas-de-Calais.
Noel, Député de l'Oise.
Bouquet, Directeur de l'Enseignement technique au Ministère du Commerce, des Postes et des Télégraphes.
Charles Roux, Ancien Député, Vice-Président de la Cie du Canal de Suez.
Levasseur, Membre de l'Institut.
Molinari (de), Correspondant de l'Institut.
Raffalovich (Arthur), Correspondant de l'Institut.
Roy (Gustave), Ancien Président de la Chambre de Commerce de Paris.

BUREAU DU COMITÉ GÉNÉRAL

Président. . . . . M. Gaston Ménier, Député.
Vice-présidents. . . . . . M. Yves Guyot, Ancien Ministre.
M. Pinard (A.), Président de l'Alliance syndicale du Commerce et de l'Industrie.
Secrétaire général. . . . M. Julien Hayem, Manufacturier.
Secrétaire général adjoint. M. Klotz (Henry), Manufacturier.
Trésorier. . . . . M. Chouet, Ancien juge au Tribunal de Commerce.

ENQUÊTE

SUR LES

EFFETS DE LA LOI DU 30 MARS 1900

Réglementant la durée légale de la journée de travail

SOCIÉTÉ

DES

INDUSTRIELS ET DES COMMERÇANTS DE FRANCE

60, Faubourg-Poissonnière, Paris

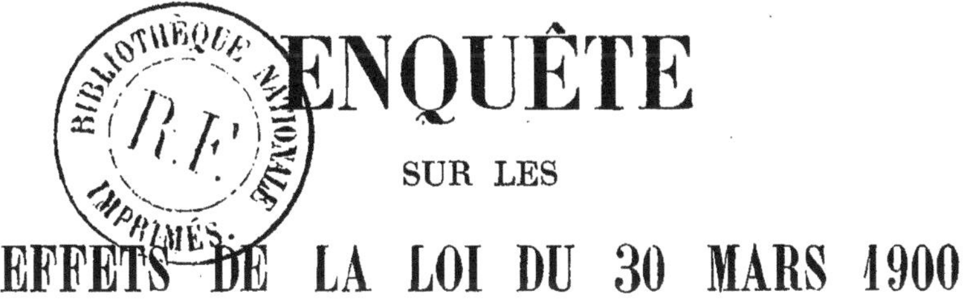

ENQUÊTE

SUR LES

EFFETS DE LA LOI DU 30 MARS 1900

Réglementant la durée légale de la journée de travail

(Extrait de la Revue Internationale du Commerce, de l'Industrie et de la Banque)

PARIS

LIBRAIRIE GUILLAUMIN ET Cie

14, RUE RICHELIEU, 14

1905

ENQUÊTE

SUR LES

EFFETS DE LA LOI DU 30 MARS 1900

Réglementant la durée légale de la journée de travail

Parmi toutes les questions (et elles sont nombreuses) auxquelles donne naissance la réglementation du travail, il n'en est pas qui semble plus intéressante et plus actuelle que la limitation légale de la durée du travail.

Tout le monde se rappelle les discussions ardentes, passionnées qu'a provoquées dernièrement la Loi connue sous le nom de Loi Millerand-Colliard du 30 mars 1900.

Après le vote et l'application par étapes ou par paliers de cette loi, la question si souvent débattue au sein du Parlement a été de nouveau agitée et portée devant le Sénat (1). Dans la dernière moitié du mois de mars et

---

(1) Les orateurs qui ont pris part à la discussion sont MM. *Maxime Lecomte,* rapporteur, *Richard Waddington, Millerand,* Ministre du Commerce, *Comte de Bois, Monestier, Séblino, Paul Strauss, Export Bezançon, Fougeirol,* le *Cour-Grandmaison.*

avant la mise en pratique de la journée de dix heures fixée au 1er avril 1904, plusieurs séances ont été consacrées à l'examen des modifications dont serait susceptible la loi du 30 mars 1900. Chacun de nous a présents à l'esprit les longs et intéressants débats auxquels ont pris part dans des sens différents, MM. *Richard Waddington*, rapporteur, *Peyrot*, *Trouillot*, Ministre du Commerce, *Méline*, Président de la Commission, *Maxime Lecomte*, *Prevet*, *Viger*, et qui ont abouti à l'adoption des résolutions suivantes :

<table>
<tr><td align="center">Loi de 1900.</td><td align="center">Loi de 1904.</td></tr>
<tr><td align="center">Texte :</td><td align="center">Texte :</td></tr>
<tr><td>

Art. 1er. — Les articles 3, 4 et 11 de la loi du 2 novembre 1892 sur le travail des enfants, des filles mineures et des femmes dans les établissements industriels, sont modifiés ainsi qu'il suit :

</td><td>

Art. 1er. — Les articles 3, 4, 7 et 11 de la loi du 2 novembre 1892, modifiée par la loi du 30 mars 1900, sur le travail des enfants, des filles mineures et des femmes, sont modifiés ou complétés ainsi qu'il suit :

</td></tr>
<tr><td>

Art. 3. — Les jeunes ouvriers et ouvrières jusqu'à l'âge de 18 ans et les femmes ne peuvent être employés à un *travail effectif* de plus de onze heures par jour, coupées par un ou plusieurs *repos*, dont la durée totale ne pourra être inférieure à une heure et pendant lesquels le travail sera interdit.

</td><td>

Art. 3. §§ 1 et 2. — Les jeunes ouvriers ou ouvrières jusqu'à l'âge de 18 ans et les femmes ne peuvent être employés à un *travail effectif* de plus de dix heures par jour ou de soixante heures par semaine. Dans le cas de l'adoption du régime hebdomadaire, la totalité des soixante heures peut

</td></tr>
</table>

Au bout de deux ans à partir de la promulgation de la présente loi, la *durée de travail* sera réduite à dix heures et demie, et au bout d'une nouvelle période de deux ans à dix heures.

Dans chaque établissement, sauf les usines à feu continu et les mines, minières ou carrières, les *repos* auront lieu aux *mêmes heures* pour toutes les personnes protégées par la présente loi.

être répartie sur les jours ouvrables de la semaine dans la limite maximum de onze heures par jour.

Si le *travail effectif est prolongé* pour le personnel au delà de dix heures les enfants âgés de moins de quinze ans jouiront de repos supplémentaires, de manière à ce que leur travail effectif ne soit jamais supérieur à dix heures.

§ 3. Le régime hebdomadaire devra être *notifié à l'inspection* huit jours avant son application et ne pourra être mis en vigueur que pour une période d'un mois au moins. La durée prévue du travail journalier devra être la même pour le personnel de l'établissement femmes et enfants âgés d'au moins 15 ans. La date de la dernière journée sera obligatoirement la veille du jour du repos hebdomadaire.

§ 4. La journée de travail doit être coupée par un ou plusieurs *repos*, dont la durée totale ne peut être inférieure à une heure et pendant lesquels le travail est interdit. Ces repos devront être fixés de façon que le personnel protégé ne puisse être employé à un travail effectif de plus de six heures consécutives, sans une interruption dont la durée sera d'au moins une demi-heure.

§ 5. Reproduction du paragraphe 3 de la loi du 30 mars 1903 : « Dans chaque établissement, etc... »

§ 6. En dehors des heures fixées au paragraphe 1er pour le travail effectif, il pourra être procédé, après l'arrêt des moteurs autres que ceux de l'éclairage, au *nettoyage des métiers et machines productrices*, sans que le temps réservé à ces opérations puisse dépasser deux heures par semaine, et sans que le total de la journée, nettoyages compris, puisse excéder onze heures. Dans l'horaire prévu par l'article 11 de la présente loi, le temps et les jours affectés au nettoyage devront être indiqués.

ART. 4, § additionnel. — A l'expiration d'un délai de deux ans à partir de la promulgation de la présente loi, les dispositions exceptionnelles concernant le *travail de nuit* prévues aux paragraphes 2 et 3 du présent article, cesseront d'être en

ART. 4, § 2,3 et 4. — Tout travail entre 9 heures du soir et 5 heures du matin est considéré comme *travail de nuit* ; toutefois, pour les travaux souterrains des mines, minières et carrières, le travail sera autorisé de 4 heures du matin à 10 vigueur, sauf pour les travaux souterrains, des mines, minières et carrières.

heures du soir, quand il sera réparti entre deux postes d'ouvriers ne travaillant pas plus de neuf heures chacun.

Le travail de chaque *équipe* sera coupé par un repos d'une heure au moins.

Il sera accordé, pour les femmes et les filles âgées de plus de 18 ans, à certaines industries qui seront déterminées par un règlement d'administration publique et dans les conditions d'application qui seront précisées dans ledit règlement, la faculté de *prolonger le travail* jusqu'à 10 heures du soir, à certaines époques de l'année, pendant une durée totale qui ne dépassera pas soixante jours. En aucun cas la journée de travail effectif ne pourra être prolongée au delà de douze heures.

Suppression du paragraphe 8 de l'article 4: « A l'expiration d'un délai de deux ans, etc. »

Art. 7. — *Les industries en plein air* ou celles qui *emploient des matières périssables* pourront prolonger la durée du travail journalier effectif dans le courant de l'année, sans que le total annuel de ces prolongations puisse dépasser quatre-vingt-dix jours.

Les *industries soumises à l'influence des saisons, de la mode* ou de *toute autre cause de marche irrégulière*, pourront prolonger la durée du travail journalier effectif dans le courant de l'année, sans que le total annuel de ces prolongations puisse dépasser soixante-quinze jours.

En aucun cas la *journée de travail effectif* ne pourra dépasser douze heures.

Les industries désignées ci-dessus pourront également *suspendre le repos hebdomadaire* quinze fois par an.

Un règlement d'administration publique établira la *nomenclature des industries particulières* qui devront être comprises dans les deux catégories générales dont s'agit.

Dans tout établissement visé à l'article 1ᵉʳ de la présente loi, en *cas de chômage* résultant d'une interruption accidentelle ou d'une cause de force majeure dûment constatées, les heures perdues pourront être compensées en portant à douze heures la durée quotidienne du travail effectif des jours ouvrables pendant une période qui ne dépassera pas deux semaines. Au delà de ce délai, la prolongation quotidienne du travail effectif ne pourra être continuée qu'après autorisation préalable de l'inspection du travail.

Le même règlement d'administration publique désignera les industries visées au paragraphe 1er, organisera le contrôle des dérogations prévues aux paragraphes ci-dessus, et déterminera les conditions du préavis qui devra être adressé au service de l'inspection, tant par les chefs d'industries admises au bénéfice du régime institué au paragraphe 1er que par les chefs d'établissements qui voudront profiter de la faculté inscrite au paragraphe 5.

Art. 11, § 3. — Dans les établissements visés par la présente loi, autres que les usines à feu continu et les établissements qui seront déterminés par un règlement d'administration publique, l'organisation du *travail par relais* sera interdite pour les personnes protégées par les articles précédents; la durée du travail sera la même pour tout le personnel.

Art. 11, § 3. — Dans les établissements visés par la présente loi, autres que les usines à feu continu et les établissements qui seront déterminés par un règlement d'administration publique, l'organisation du *travail par relais*, sauf ce qui est prévu aux paragraphes 2 et 3 de l'article 4, sera interdite pour les personnes protégées par les articles précédents dans un délai de trois mois à partir de la promulgation de la loi.

En cas d'organisation du *travail par postes ou équipes successives*, le travail de chaque équipe sera continu, sauf l'interruption pour le repos.

Art. 2. — Il est ajouté à l'article 1er du décret-loi des 9-14 septembre 1848, modifié ainsi qu'il suit, la disposition suivante :

Toutefois, dans les établissements énumérés dans l'article 1er du 2 novembre 1892, qui emploient dans les mêmes locaux des *hommes adultes* et des personnes visées par ladite loi, la journée de ces ouvriers ne pourra excéder onze heures de travail effectif.

Dans le cas du paragraphe précédent, au bout de deux ans à partir de la promulgation de la présente loi, la journée sera *réduite* à dix heures et demie, et au bout d'une nouvelle période de deux ans à dix heures.

Art. — 2. — L'article 1er du décret, loi du 9 septembre 1848 relatif aux heures de travail dans les manufactures et usines, complété par la loi du 30 mars 1900, est modifié ainsi qu'il suit :

« Art. 1er § 2 et 3. — Toutefois, dans les établissements énumérés à l'article 1er de la loi du 2 novembre 1892, qui emploient dans les mêmes locaux des *hommes adultes* et des personnes visées par ladite loi, ces ouvriers ne pourront être employés à un travail effectif de plus de dix heures par jour ou de soixante heures par semaine. Dans le cas de l'adoption du régime hebdomadaire, la totalité des soixante heures peut être répartie sur les jours ouvrables de la semaine dans la limite maximum de onze heures par jour.

Les facultés de prolongation de la durée du travail

> effectif, accordées pour les
> enfants, les filles mineures
> et les femmes, en vertu de
> la loi du 2 novembre 1892,
> modifiée par la présente loi,
> s'appliquent de plein droit
> aux ouvriers adultes em-
> ployés dans les mêmes
> locaux.

La Société des Industriels et des Commerçants de France ne pouvait rester étrangère aux préoccupations que soulevait dans le monde industriel et commercial l'application depuis deux ans de la loi Millerand-Colliard. Dès le mois de mai 1904, elle adressait à chacun de ses membres la lettre suivante :

Paris, le 20 mai 1904.

Monsieur et cher Collègue,

Au moment où des modifications proposées à la loi de 1900 sont en délibération au Parlement, nous croyons conforme à l'intérêt général de réunir tous les documents possibles pour présenter, s'il y a lieu, aux Pouvoirs Publics, les observations de l'Industrie sur l'application de cette loi.

Appuyée sur des renseignements dignes de confiance et sur les résultats d'une enquête sérieuse et approfondie, la Société pourra, grâce à vous, prendre la parole avec quelque chance d'être écoutée.

Tel est le but du questionnaire que nous nous permettons de vous adresser ; vous comprendrez aussi bien que nous la portée de la consultation à laquelle notre Société attache une réelle importance, et nous serons heureux d'avoir votre réponse dans le plus bref délai possible.

Recevez, avec nos remerciements anticipés, l'assurance de nos meilleurs sentiments.

Le Président :
A. Fumouze.

Nous publions aujourd'hui l'analyse et le résumé des réponses qui ont été adressées au questionnaire, si complet, trop complet peut-être, rédigé par la Société des Industriels et des Commerçants de France.

Conformément à un engagement pris, sans qu'il ait été expressément réclamé, nous reproduisons les renseignements fournis en supprimant les noms de nos correspondants. Cette suppression ne saurait en rien infirmer ou atténuer la valeur des observations qui nous sont parvenues. L'autorité et la notoriété légitimes de ceux qui ont répondu à notre enquête, enquête que la plupart ont approuvée, et qué certains ont qualifiée « d'initiative particulièrement heureuse » ne seront certainement pas affaiblies ni diminuées par la réserve que nous avons tenu à nous imposer.

Nous aurions voulu obtenir un plus grand nombre de réponses ; nous aurions été heureux que tous les membres de la Société des Industriels et des Commerçants, touchés de l'utilité et de l'efficacité d'une semblable consultation, eussent pris la peine de nous fournir les renseignements que nous étions en droit d'attendre d'eux.

Si un grand nombre s'est jusqu'à présent abstenu et a tardé à nous répondre, l'ensemble des réponses obtenues est assez important pour constituer une enquête digne de l'attention de tous les intéressés. A défaut de l'unanimité que nous aurions souhaitée, la qualité de nos consultés et la grande variété des industries représentées et surtout le nombre très considérable des ouvriers employés par les auteurs des réponses nous permettent de présenter avec confiance les résultats de cette enquête. Nous ajoutons que cette enquête reste ouverte et que tous les industriels et commerçants demeurés jusqu'à présent indifférents à notre appel peuvent nous aider à la compléter.

En résumé nous estimons que, dans l'état actuel, cette enquête peut et doit être utile à tous les hommes de science, d'étude et de métier que la réglementation du travail intéresse soit au point de vue moral, soit au point de vue matériel et pratique.

J. H.

QUESTIONS ET RÉPONSES

1. — Avez vous pu appliquer en 1902, sans difficulté et sans grève,
la loi du 30 mars 1900 qui a fixé la durée du travail à
dix heures et demie à partir de 1902 jusqu'à 1904, et à
partir du 1ᵉʳ avril 1903 à dix heures ?

Presque tous les industriels consultés ont répondu qu'ils
avaient appliqué la loi sans difficulté et sans grèves.

*** (Fourrures), déclare que la loi de dix heures gêne
le commerce des fourrures pendant la saison fort courte
du 15 septembre à fin décembre.

*** (Meubles), considère la loi aussi préjudiciable à ses
ouvriers qu'à lui-même. Pour les ouvriers à tâche, elle
leur enlève une part de salaire correspondant à la diminution de leur production. Pour lui, elle augmente ses prix
de revient. La perte réciproque est de 20 0/0 environ.

*** (Fonderies), répondent qu'ils n'ont pas eu de difficulté pour ramener à dix heures la journée de travail,
attendu que l'ouvrier trouve qu'il travaille encore deux heures de trop.

*** (Cuirs et peaux), dit que les difficultés ont été atté-
nuées par la mauvaise situation des affaires.

Un fabricant de Fourmies (Tissage de laine), déclare qu'en
1902 on a maintenu le salaire des grands rattacheurs au
moyen de primes mensuelles. En 1904 on a conservé les
mêmes salaires avec dix heures et demie qu'avec dix heures.

*** (Papiers à cigarettes), disent qu'ils ont éprouvé de la
difficulté dans l'application de la loi. Pour éviter une
grève, ils ont dû non seulement maintenir les mêmes
salaires pour les ouvriers de jour, mais encore faire les
mêmes avantages à ceux travaillant de faction dans les
usines à feu continu.

*** (Papiers pour photographies), a vu sa production
atteinte par la diminution du nombre d'heures de travail.

*** (Pipes), n'a pas eu de grèves, mais bien des difficultés pour faire observer la loi de dix heures.

*** (Cartons en tous genres), déclare que les ouvriers à façon ont été mécontents de la loi de dix heures.

1ʳᵉ PÉRIODE

2. — Cette réduction légale de la durée du travail s'imposait-elle à raison de la nature de votre Industrie et des fatigues occasionnées au personnel ouvrier ?

La généralité répond que le personnel n'éprouvait pas de fatigue, et que le besoin d'une journée de dix heures au lieu de onze heures ne se faisait nullement sentir.

*** (Maroquinerie), dit que son personnel préférait faire douze heures pour gagner davantage.

*** (Vins et spiritueux), prétendent qu'il n'y a aucune fatigue qui a entraîné cette réduction, d'autant moins compréhensible que les ouvriers chez les concurrents travaillent plus de dix heures mais moins bien.

*** (Verreries), croit que dix heures de travail suffisent pour des femmes ; un travail au-dessus de dix heures a donné de mauvais résultats.

*** (Verreries), dit que les usines où se fait le travail du service de table est moins pénible que celui où se fait le travail du verre à vitres et de la bouteille ; une différence d'heure s'imposait.

*** (Fourrures) estime que l'industrie des fourrures ne durant que trois mois et demi n'est nullement pénible ; il n'y avait pas lieu de réduire les heures de travail.

Un autre fabricant de fourrures prétend que les ouvriers se sont mis deux fois en grève pour cause de surmenage ; la loi de dix heures s'imposait.

Un tisseur de Fourmies (Tissage de laines), estime qu'il n'y avait pas lieu à réduction ; onze heures constituaient une durée possible pour maintenir la concurrence sur les marchés extérieurs ; on pouvait satisfaire la clientèle

dans les moments de presse; le travail du tissage de laine nécessite de l'adresse et de la surveillance, et onze heures n'étaient pas de trop pour effectuer un travail bien fini.

*** (Tissage de laine à Roubaix), déclare que les métiers à tisser marchant mécaniquement, il n'en résulte aucune fatigue pour l'ouvrier.

*** (Teintures et apprêts), émet le même avis, en ajoutant que la réduction est contraire aux désirs de son personnel qui est payé à l'heure.

3. — Cette loi a-t-elle apporté une réduction dans votre production industrielle ?

Les avis sont assez partagés ; une partie des industriels estime n'avoir subi aucune réduction ; d'autres considèrent qu'ils compensent la réduction par le travail à façon extérieur ou l'amélioration dans l'outillage ; d'autres enfin donnent des explications sur la diminution de leur production. Voici les opinions de quelques-uns :

*** (Papiers pour photographies), dit que la réduction dans sa production est très importante.

*** (Pipes), dit que les ouvriers à la tâche ont produit à peu près la même quantité, mais qu'il a fallu augmenter le personnel ordinaire, les ouvriers à la journée ayant donné moins de travail.

*** (Fourrures). fait travailler dehors, à façon, suivant les besoins du commerce, en cas de presse.

*** (Papiers et cartons), estime qu'il y a une réduction proportionnelle, et qu'il a dû recourir à une main-d'œuvre extérieure.

*** (Peaux pour chaussures fines), a dû augmenter son outillage, ce qui lui a occasionné des frais supplémentaires.

*** (Imprimerie), a été forcé de refuser les travaux qui dépassaient les dix heures légales.

*** (Verreries), déclare que l'ouvrier fabrique autant, mais au détriment du bien fini des objets, ce qui est très nuisible à l'industrie de la verrerie.

2

••• (Maroquinerie), dit que dans sa partie le travail se fait en général au dehors ; la production ne peut donc se ressentir du plus ou moins d'heures dans le magasin.

••• (Filature de cotons), dit qu'il y a réduction dans la production, attendu qu'avec 1.000 ouvriers et ouvrières employés, une heure en moins constitue une perte de 300.000 heures par an.

••• (Tissage laines), déclare qu'en onze heures on faisait à peu près le travail de douze heures, mais qu'on n'a pu aller au delà.

••• (Textiles), estime difficile d'apprécier la réduction dans la production, cette réduction ayant été atténuée, dans la plupart des cas, par une activité plus grande des ouvrières à la pièce.

••• (Tissage de laines à Roubaix), trouve la différence dans la production insensible, la machine ayant pu être accélérée comme mouvement.

••• (Teintures et apprêts), dit qu'il y a différence de production considérable.

••• (Meubles), a maintenu sa production, mais a dû augmenter son personnel, d'où augmentation des frais généraux et des prix de revient.

••• (Confections pour dames), a été forcé de refuser des commandes.

4. — Les salaires individuels, soit à la journée, soit à la pièce, ont-ils été modifiés ?

En cas d'affirmative, dans quelle proportion ?

Bien des industriels ont maintenu les salaires dans les mêmes conditions, malgré la diminution du nombre d'heures. Certains les ont modifiés de façons diverses ; ce sont ceux-là qu'il s'agit d'étudier.

••• (Fourrures), diminution proportionnelle.

••• (Fourrures), à la suite de grèves en 1900, a accordé un salaire de 1 franc de plus, 10 francs par jour pour une journée de neuf heures.

••• (Billards). Les ouvriers étant payés à l'heure et à la pièce touchent moins, fournissant moins de travail.

••• (Tissus et nouveautés), réduction proportionnelle.

••• (Soieries, foulards, cravates). La différence a été partagée moitié par l'ouvrier, moitié par la maison, c'est-à-dire que si le salaire était de 2 fr. 50 pour onze heures, pour dix heures il n'est plus que 2 fr. 25, dont 0 fr. 15 maison, 0 fr. 10 ouvrier, ce qui correspond à un salaire net de 2 fr. 40 pour l'ouvrier.

••• (Fondeurs), à la suite de grèves, a dû maintenir pour dix heures le même salaire que pour onze heures, sur pression du Syndicat.

••• (Produits pharmaceutiques), réduction pour les ouvrières aux pièces de 8 1/2 0/0 environ.

••• (Parfumerie), réduction environ 5 0/0.

••• (Imprimerie), augmentation des salaires.

••• (Cotons à coudre). Augmentation pour les ouvrières travaillant aux pièces ; pour les ouvrières à la journée, la maison a maintenu le même tarif, malgré la diminution des heures.

••• (Tissage laines, Roubaix). Les salaires ont été augmentés de 5 0/0 ; la durée du travail d'autre part étant inférieure de 5 0/0, la base des salaires est restée constante.

••• (Teintures et apprêts de tissus). L'ensemble est resté le même, mais certains ouvriers spéciaux ont dû être augmentés.

••• (Fabrique de papiers à cigarettes). Il y a eu un tiers de réduction pour les ouvriers de faction.

••• (Papiers photographiques). Signale le fait que son personnel (200 ouvriers ou ouvrières), aurait désiré les heures de travail plus longues pour travailler davantage.

••• (Pipes). Les ouvriers à la pièce ont conservé le même salaire ; ceux à l'heure ou à la journée ont été augmentés d'un vingtième environ.

••• (Peaux pour chaussures). Pas de modification quant à présent ; mais la diminution d'heures doit être une excitation à une augmentation de salaires.

••• (Cuirs à Chateau-Renault, Indre-et-Loire). Les enfants ont perdu une demi-journée de salaires ou ont été supprimés.

*** (Verreries). Les salaires ayant été maintenus, ils ont été augmentés en ce sens qu'il y a moins d'heures de travail.

*** (Vins et eaux-de-vie à Bayonne). 1 franc de plus par jour par ouvrier, pour avoir un personnel de choix.

5. — Votre industrie est-elle comprise dans les industries de saison ou de mode qui jouissent ou pourraient jouir du bénéfice des décrets de 1893 et 1895 ?

Il y a, d'après les réponses, des anomalies assez singulières. La fonderie, la maroquinerie, la papeterie, la parfumerie sont considérées comme des industries de saisons et de mode. Peut-être est-ce admissible pour la papeterie qui, à l'époque du jour de l'an, voit ses commandes s'augmenter ; la maroquinerie est de toute saison, sauf un surcroît de vente en janvier, comme dans la plupart des commerces. Mais la parfumerie est de toute époque. La fonderie n'a pas de saison bien définie. Par contre comment ne fait-on pas jouir des bénéfices des décrets de 1893 et 1895, l'industrie des tissus élastiques qui a une saison bien marquée, aussi bien que la nouveauté, la mode, la confection ? Comment ne pas admettre parmi les industries saisonnières les produits pharmaceutiques ? L'hiver il y a recrudescence d'affections du larynx et des bronches ; l'été il peut y avoir des périodes d'épidémie.

Voici les principales réponses pouvant présenter un certain intérêt dans la question.

Ne sont pas industries saisonnières :

La *brosserie*, l'*industrie du meuble*, des *pâtes alimentaires*, des *billards*, des *chiffons*, des *produits chimiques*, de *l'imprimerie*, des *pianos*, des *filatures de coton*, des *textiles*, des *tissages de laines*, des *produits en caoutchouc*, des *papiers pour cigarettes*, des *cartons*, des *mégisseries*, des *cuirs et peaux*, des *verreries*, des *vins et spiritueux*, etc.

Font partie des industries de mode et saison :

Les *fourrures*, les *tissus et nouveautés*, les *soieries*, les *confections pour dames*, les *fonderies*, les *chapeaux de paille*, les *parfumeries*, les *teintureries et apprêts de*

tissus, les *cartes photographiques,* les *papeteries,* la *maroquinerie,* la *représentation de fabrique,* la *bijouterie.*

A titre de remarque ••• (bijouterie), a droit à soixante jours de veillée spéciale en fin d'année.

••• (Cartes visites et photographiques), a deux saisons, l'été pour la carte photographique, et de septembre à fin janvier pour la carte de visite.

••• (Tissus nouveautés) a deux saisons de deux mois et demi chacune.

> 6. — Pensez-vous qu'il y aurait des modifications à introduire dans les décrets et règlements d'administration publique et dans la manière dont ils sont appliqués ?

Presque tous les industriels réclament une modification aux règlements d'administration publique. Nous enregistrons ci-après les réponses les plus intéressantes et qui peuvent le mieux prêter à une analyse approfondie.

••• (Maroquinerie), voudrait le droit, en pleine saison, de faire onze ou douze heures, sur une simple demande au commencement de la saison, en indiquant les mois de travail supplémentaire.

••• (Bijouterie), trouverait bon d'étendre à trois mois (90 jours), la faculté de faire veiller en cas de presse.

••• (Fabrique de papiers à cigarettes), demande : 1° Autorisation pour les ouvriers de faction de prendre leurs repas dans les ateliers pour éviter les arrêts des machines en leur absence. 2° Autorisation pour les femmes et les enfants de travailler dans les mêmes ateliers que les hommes. 3° Latitude d'heures pour le travail des hommes même dans les ateliers mixtes, avec création de trois équipes de femmes et d'enfants contre deux équipes d'hommes.

••• (Cartes et photographies), voudrait la journée de onze heures.

••• (Pipes) Réclame une inspection du travail moins étroite dans l'interprétation des règlements.

••• (Tissus en caoutchouc), demande le libre contrat entre le patron et l'ouvrier, sans que la loi s'en mêle.

... (Cotons), est partisan de soixante heures par semaine.

... (Tissage de laines), réclame les soixante heures par semaine, et voudrait voir classer son industrie dans les industries de saison.

... (Teintures et apprêts), demande des heures supplémentaires avec largesse pour pouvoir lutter avec l'Allemagne.

... (Produits chimiques), trouve que dans les ateliers mixtes, deux sorties s'imposent, l'une au bout de dix heures pour les femmes et les enfants, l'autre de onze heures, même douze heures pour les hommes. La loi est faite pour protéger les femmes et les enfants, non les adultes·

... (Produits pharmaceutiques), déclare que la loi gêne encore plus son personnel que lui-même et devrait être modifiée. Ses ouvrières, ne pouvant faire d'heures supplémentaires, emportent chez elles du travail à faire, qu'elles remportent le lendemain ; elles sont moins bien installées que dans l'atelier. Mais elles préfèrent agir ainsi plutôt que de voir prendre du personnel supplémentaire.

... (Fonderie), partisan des modifications aux règlements, trouve qu'on ne pourra en apporter, vu l'opposition perpétuelle des Syndicats.

... (Soieries), dit qu'on devrait accorder les autorisations d'heures supplémentaires avec plus de facilité, les commandes arrivant souvent inopinément.

...(Confections pour dames), juge utile la liberté complète du travail ; les ouvrières se reposent d'elles-mêmes en cas de fatigue.

... (Meubles), avant la loi de 1900 faisait travailler son personnel de la façon suivante :

Dix heures maximum pour les femmes et les enfants.

Onze et douze heures pour les adultes selon les besoins des commandes.

Avec la loi de dix heures, les commandes ne se peuvent plus exécuter, en fin d'année, il serait indispensable d'avoir un travail de onze et douze heures.

... (Fourrures), acceptent la loi du Sénat : pendant la

saison, soixante-quinze jours de travail à raison de douze heures par jour, et quinze dimanches employés.

> **7**. — Est-ce en seule fois ou par étapes que vous employez les heures supplémentaires accordées par l'inspection du travail ?

De l'enquête il résulte qu'une partie de l'industrie fait usage des heures supplémentaires, et considère ces heures comme indispensables dans les moments de presse et de saison, et qu'une autre partie peut s'en passer ou juge ne pas devoir en faire usage pour ne pas augmenter les frais généraux.

Dans le commerce des fourrures, on se sert des heures supplémentaires à l'époque de la saison, de septembre à fin décembre.

Pour les tissus et nouveautés, les heures supplémentaires sont employées par étapes, selon les besoins.

Pour les fonderies, heures supplémentaires par étapes.

Dans la parfumerie les uns n'usent pas des heures supplémentaires ; les autres les emploient par étapes.

Même réponse de l'imprimerie.

Les filatures coton, les textiles, les tissages de laine, n'estiment pas devoir faire emploi des heures supplémentaires. Les teintures et apprêts en font usage en plusieurs fois.

*** (Chapeaux de paille), use par étapes des heures supplémentaires.

Pour les tissus élastiques, *** a eu peu recours aux heures supplémentaires.

*** (Fabrique de papiers à cigarettes), se sert des heures supplémentaires pour réparation des machines.

*** (Papiers pour cartes visites et photographies), en fait usage par étapes.

*** (Industrie du meuble), use des heures supplémentaires en une seule fois pour chaque catégorie de ses articles et suivant les saisons.

Dans les papeteries, *** a employé les heures supplémentaires soit en une fois, soit par étapes.

Pour les cartonnages, il n'y a d'heures supplémentaires que si l'ouvrier en réclame.

*** (Bijouterie), fait usage des heures supplémentaires à l'époque de la saison, trois mois, du 1ᵉʳ octobre au 31 décembre.

> 8. — Les heures supplémentaires sont-elles payées au même taux que les heures ordinaires ?

La majorité des industries paie les heures supplémentaires dont elle fait usage au même taux que les heures ordinaires.

Voici quelques exceptions à signaler :

*** (Fourrures), paient 50 0/0 en plus les heures supplémentaires.

*** (Tissus et nouveautés), paient 1/3 en plus les heures supplémentaires.

*** (Teintures et apprêts), tarif plus élevé que le tarif ordinaire, sans préciser le quantum.

*** (Fabrique de papiers à cigarettes), majoration de 50 0/0 sur les heures ordinaires.

*** (Bijouterie). Tarif plus élevé que le tarif ordinaire ; quantum non fixé.

*** (Chapeaux de paille), ainsi que quelques autres industries (papeteries, cartonnages), disent qu'il ne peut y avoir augmentation de tarif sur les heures ordinaires, les ouvriers et ouvrières travaillant aux pièces.

> 9. — La journée de dix heures et demie a-t-elle nui à votre industrie, soit à votre point de vue personnel, soit au point de vue général ?

La plus grande partie des industriels et des commerçants considèrent la loi comme néfaste ; les heures étant moindres, la production s'en est ressentie, la concurrence étrangère en a profité, d'autant plus que les frais généraux, pour ceux qui ont renforcé leur personnel pour parer

à la diminution du nombre des heures, ont fatalement augmenté. Un fait assez curieux à noter est que dans le même genre d'industrie il n'y a pas toujours unanimité ; les uns trouvent que la nouvelle loi leur a nui, et d'autres n'y voient aucun désavantage. Les réponses faites sont en général bien motivées ; nous allons transcrire ici les principales.

*** (Brosserie), trouve que la loi n'a nui en rien à son industrie ; par contre *** (brosserie), estime que la loi de dix heures a nui à son industrie, parce que n'ayant pu augmenter son personnel, il arrive très difficilement à livrer ses commandes.

*** (Verrerie), dit le travail moins bien fait en dix heures qu'en onze heures, l'ouvrier voulant produire autant et soignant moins sa besogne.

Voici les diverses réponses des industries de la tannerie et mégisserie.

*** considère que la loi a nui à son industrie en élevant les salaires, les prix de revient, en augmentant les frais généraux avec plus de machines et plus de matériel.

*** craint de ne pas trouver assez de personnel en cas de reprise des affaires pour obvier aux heures en moins.

*** ne s'est pas ressenti des effets de la loi ; son industrie (peaux pour chevreaux), est en plein essor ; néanmoins il a dû augmenter ses frais généraux.

Dans l'industrie des fourrures, *** ne se plaint pas ; *** écrit que la loi a gêné considérablement son commerce au point de vue de la livraison, les commandes étant souvent pressées en pleine saison.

Les foulards et nouveautés, ont dû augmenter les salaires de 5 0/0 ; cette augmentation ne peut être considérée comme avantageuse à leur commerce.

Les confections pour dames répondent que la loi leur a nui ainsi qu'à leur personnel. Les ouvrières ne pouvant travailler plus de dix heures, elles ont dû donner à d'autres une partie du travail qu'elles faisaient, et elles ont été ainsi privées d'un bénéfice.

Les fonderies expliquent que la main-d'œuvre devient

plus cher, le travail étant moindre et que la concurrence étrangère, meilleur marché, est très redoutable.

Pour les produits chimiques et pharmaceutiques, les industriels disent qu'ils se sont trouvés en présence de difficultés matérielles qu'ils n'ont pu surmonter qu'en augmentant leur matériel et leur prix de revient.

Les réponses suivantes ont été faites par les industries de filature, tissages et apprêts.

Pour les cotons, les ouvriers dépensent et se fatiguent lorsqu'ils ne travaillent pas; il est préférable qu'ils travaillent le plus possible.

Pour les textiles, il y a eu augmentation des prix de revient.

Pour les tissages de laine, l'avis est que les prix de revient ayant augmenté, l'écoulement sur les marchés étrangers est plus difficile.

Pour les teintures et apprêts, la loi est nuisible au point de vue personnel et général; elle empêche une production suffisante en saison ; pendant la morte-saison les ouvriers ne gagnent presque rien, et seraient désireux de rattraper leur perte par du travail supplémentaire pendant trois ou quatre mois de poussée.

Dans les produits en caoutchouc, fils élastiques, etc., •••, considère qu'il y a, du fait de la loi, du retard dans la production, et un supplément de frais de main-d'œuvre de 1/20°. •••, tissus pour bretelles, ne juge pas, lui, la loi nuisible à son industrie.

Voici deux fabriques de papiers à cigarettes; ••• répond que la loi ne lui nuit en rien, — répond que le travail est moins régulier, qu'une surveillance plus active est nécessaire, que la main-d'œuvre a augmenté, que l'exportation est devenue presque impossible.

••• (Meubles), s'exprime ainsi: Au point de vue général, la loi de dix heures va faire disparaître l'apprentissage à brève échéance. Au point de vue particulier, elle abaisse les salaires, elle augmente les frais de production, elle **provoque l'exode des meilleurs ouvriers qui vont travailler** dans les ateliers où le travail de douze heures est autorisé, pour obtenir des gains plus élevés.

Dans l'industrie du papier et du carton les industriels sont indifférents ; ••• seul (cartons), estime que ses frais généraux augmentent de 5 0/0.

Enfin ••• (papiers de visite et photographiques), ••• (pipes) ••• (imprimerie), ••• (billards), ••• (représentation de fabriques), sont unanimes pour dire que la nouvelle loi est nuisible à leurs exploitations.

2° PÉRIODE

10. — La loi de dix heures offre-t-elle plus d'inconvénients que celle de dix heures et demie ? Son application a-t-elle donné lieu à des changements :

1° Au point de vue de la production ?
2° Au point de vue des salaires ?

Nous ne relaterons pas les réponses. Disons simplement que ceux qui ont trouvé mauvaise la loi de dix heures et demie trouvent *à fortiori* plus mauvaise la loi de dix heures, et que ceux pour qui la loi de dix heures et demie n'a pas été jugée nuisible, estiment insignifiante la diminution d'une demi-heure en moins. Du reste un certain nombre d'industriels avaient d'eux-mêmes appliqué depuis assez longtemps dans leurs ateliers la loi de dix heures, certains de neuf heures, la mesure légale les laisse donc indifférents.

11. — Les dix heures sont-elles consacrées au travail réellement effectif ? Quelle perte de temps représentent la rentrée, la mise en train et les préparatifs de départ du personnel ouvrier ?

Les dix heures, à rares exceptions près, ne constituent jamais le travail effectif. Presque tous les industriels déduisent des dix heures un certain nombre de minutes pour la rentrée, la mise en train et le départ. Ce nombre varie suivant le genre d'industrie ; il est fort souvent de trente minutes. Nous allons mentionner les exceptions à cette règle, et signaler en même temps les cas très rares de travail effectif de dix heures complètes.

··· (Chiffons), accorde quarante-cinq minutes pour l'entrée, la mise en train et la sortie ; reste neuf heures quinze de travail effectif.

··· (Parfumerie), croit qu'il faut diminuer deux heures environ sur les dix heures ; ce serait donc la journée de huit heures.

··· (Vins et spiritueux), retranchent une heure ; le travail n'est effectivement que de neuf heures.

··· (Produits chimiques) estime la perte de temps à 0 h. 50, soit un travail réel de neuf heures dix.

··· (Représentation de fabrique), répond qu'il n'y a qu'une perte de dix minutes sur les dix heures de travail effectif.

Le travail effectif de DIX HEURES NETTES existe chez ··· (chapeaux de paille), ··· (dynamite), ··· (vins et eaux-de-vie), ··· (maroquinerie). Dans ces industries, l'entrée, la mise en train et la sortie sont en dehors des dix heures de travail.

Où le travail est réellement de dix heures effectives, c'est dans les filatures, tissages et apprêts. Les textiles, les tissages de laine, les teintures et apprêts demandent les dix heures complètes. Les nettoyages, les réparations, la mise en train, tout est en dehors des dix heures. ··· (cotons), consent à une perte de vingt minutes sur les dix heures et n'a que neuf heures quarante minutes de travail effectif.

12. — Avez-vous cherché et réussi à compenser la demi-heure, puis l'heure supprimée, par des modifications dans votre outillage industriel ?

Certains industriels ont évidemment augmenté leur outillage industriel pour parer à la réduction de production que la diminution d'heures pouvait entraîner ; d'autres n'ont pu compenser cette diminution, ne faisant pas

usage d'outillage ni de machines, et n'employant qu'un personnel manuel. Ceux qui ont augmenté l'outillage ont de ce fait augmenté leurs frais généraux. En résumé, voici quelques-unes des industries qui ont amélioré l'outillage, et quelques-unes de celles qui sont restées dans la même situation.

Ont amélioré l'outillage :

La bijouterie, les tanneries, les peaux pour chevreaux, les meubles, les papeteries, les cartons, les papiers photographiques, l'imprimerie, les parfumeries, les produits chimiques, la représentation de fabriques, les chapeaux de paille, les cotons, les textiles, les tissages de laines, les tissus et apprêts.

N'ont pu améliorer, ayant un travail manuel, ou n'ont pas jugé devoir améliorer l'outillage :

La maroquinerie, les vins et spiritueux, la dynamite, les chiffons, (travail à la main), les billards, les papiers pour cigarettes, les pipes, les articles en caoutchouc, les fonderies, (travail à la main), les machines, les nouveautés, soieries et confections pour dames, les fourrures, (travail à la main), les cuirs et peaux, les verreries, les brosseries, (travail à la main), les pâtes alimentaires, les pianos.

13. — La qualité des produits s'est-elle ressentie de la réduction des heures de travail ?

Ils sont rares les industriels qui ont répondu que leurs produits pouvaient être inférieurs par suite d'un travail moins long ; en effet la production peut être moins considérable, les ouvriers donnant une heure en moins ; mais il ne s'en suit pas que la qualité ne reste pas la même. Donc la réponse générale est que la qualité des produits ne s'est nullement ressentie de la réduction des heures de travail.

Voici les quelques exceptions à signaler :

••• (Tissus-nouveautés), ••• (verreries), disent que la qualité des produits est inférieure par suite de la réduction du travail.

*** (Produits chimiques), explique qu'étant soucieux d'une bonne fabrication, il maintient la qualité des produits.

*** (Tissus élastiques pour bretelles), déclare qu'une surveillance plus active est nécessaire pour conserver la qualité des produits.

*** (Cotons), estime la qualité inférieure, l'ouvrière aux pièces travaillant plus vite pour produire autant et fatalement donnant moins de soin à son ouvrage.

*** (Tissage de laines), estime que l'ouvrier prend moins d'intérêt à sa besogne depuis déjà plusieurs années, et par suite fait un moins bon travail qu'autrefois.

14. — Les travaux et les produits du travail des femmes sont-ils équivalents ou assimilables à ceux des hommes ?

15. — Le salaire de l'ouvrière pour le même travail est-il égal à celui de l'ouvrier ?

En général les industriels et commerçants consultés répondent que les travaux des femmes diffèrent absolument de ceux des hommes et ne leur sont nullement assimilables. Par suite les salaires sont différents. Le principe connu : A travail égal, salaire égal, ne paraît pas se pratiquer sur une vaste échelle. Dans les industries où la femme donne un travail équivalent à celui de l'homme, son salaire reste en général inférieur.

Dans la brosserie, *** dit que les femmes font des travaux moins fatigants que ceux des hommes ; si cependant l'ouvrière produit autant que l'ouvrier, elle peut gagner autant.

Dans les chiffons, *** déclare n'employer que des femmes dont le travail, dans son industrie, est supérieur à celui des hommes.

Dans la maroquinerie, *** dit que la maroquinerie ordinaire est exécutée par des femmes au dehors, et que les beaux articles sont exécutés à l'atelier par des hommes. Le salaire est ÉGAL.

··· (Imprimerie), obtient un travail équivalent des hommes et des femmes et donne par suite un salaire ÉGAL.

Même réponse de ··· (chapeaux de paille), travail équivalent et salaire ÉGAL.

Dans les fourrures, ··· donne à l'ouvrière moitié du salaire de l'ouvrier ; la femme coud seulement.

··· (Parfumerie), dit que la production de la femme équivaut en tant que quantité aux deux tiers de la production de l'homme, et que son travail est mieux fait. Le salaire féminin est légèrement inférieur à celui de l'homme, mais, en tenant compte des chômages et des maladies des femmes, et en payant quand même la journée, en fin de compte, le salaire des femmes est, à peu de chose près, le même que celui de l'homme.

··· (Verreries, bouchage à l'émeri), a un travail équivalent et un salaire ÉGAL.

··· (Vins et spiritueux), explique que le travail des femmes (tirage, bouchage, étiquetage et rinçage des bouteilles), leur est exclusif et ne peut se comparer avec celui des hommes; le salaire est donc forcément différent.

··· (Cuirs et peaux), emploie les femmes dans les travaux qui n'exigent pas de force aussi bien que les hommes, mais leur attribue un salaire inférieur.

Dans les papeteries, ··· dit que les travaux des hommes et des femmes sont différents ; le salaire des femmes est supérieur à celui des hommes, la femme travaillant mieux dans ce genre d'industrie.

··· (Cartons), estime le travail de la femme supérieur à celui de l'homme pour son industrie ; cependant la femme a un salaire inférieur de 1 franc à 1 fr. 50 par jour, ce qui est injustifié.

··· (Cartonnages), dit que les femmes ou jeunes filles travaillent aux machines et sont payées aux pièces.

··· (Papiers pour cigarettes), donne 4 francs par jour aux ouvrières aux pièces; les ouvriers gagnent 6 francs, mais le travail n'est par le même, et comme conséquence le salaire ne peut être le même.

··· (Tissus et nouveautés), dit que les femmes ne font pas

le même travail que les hommes; en cas de travail équivalent, salaire ÉGAL.

*** (Confections pour dames) dit que le travail de l'ouvrière n'est pas le même que celui de l'ouvrier ; en cas
d'assimilation, le salaire de l'ouvrière est inférieur à celui
de l'ouvrier pour le même travail.

*** (Cotons), explique que le travail des hommes ne peut
être fait par des femmes; par suite l'ouvrier a un salaire
supérieur à l'ouvrière.

*** (Textiles), emploie des femmes; leur salaire est 50 0/0
moins élevé que celui des hommes.

*** (Tissage de laines), répond qu'il faut distinguer :

En FILATURE, les femmes sont pour la préparation, les
hommes pour les métiers à filer. En TISSAGE, même travail. La femme travaille moins que l'homme, par suite
gagne moins.

*** (Tissage de laines). Le travail des femmes est inférieur comme qualité et comme production : par suite le
salaire est moindre, l'ouvrière étant moins habile.

*** (Apprêts et teintures). Travaux des femmes moins
importants que ceux des hommes et moins rémuné-
rés.

16. — Comment et à quels jours observez-vous la prescription
du repos hebdomadaire ?

La réponse générale donne le *dimanche* comme jour de
repos hebdomadaire.

Les seules observations qu'entraînent les réponses sont
les suivantes :

*** (Tissus et nouveautés), *** (dynamite), *** (brosserie)
donnent comme repos le dimanche et les jours de fêtes.

*** donne le dimanche, plus les jours de fêtes locales
(papeteries).

*** (spiritueux), dit que le personnel est au repos le
dimanche, sauf les charretiers qui doivent soigner leurs
chevaux et touchent 1 franc pour ces soins.

*** (fourrures), estime que, pendant la saison, on doit
pouvoir faire travailler le dimanche.

17. — La journée de dix heures risque-t-elle de compromettre nos débouchés à l'extérieur par suite de la durée de travail moins longue qu'à l'étranger, et par suite d'une aggravation dans l'établissement du prix de revient?

La majorité des commerçants et industriels estiment que la journée de dix heures risque de compromettre nos débouchés à l'extérieur, tant par suite de la durée de travail moins longue qu'à l'étranger que par suite d'une aggravation dans l'établissement du prix de revient.

Les principales réponses en ce sens sont les suivantes :

••• et ••• (Fourrures) répondent que nos débouchés à l'extérieur peuvent être compromis par suite du délai très court pour l'exécution des commandes venant de l'étranger, et par suite de la concurrence de l'Autriche et de l'Allemagne où le salaire est moins élevé qu'en France et la journée de onze heure.

••• (Meubles), dit que les étrangers peuvent produire à meilleur marché que nous; les frais généraux en France sont plus élevés; les commerçants étrangers ont bien plus la liberté de leurs mouvements que nous, et par suite sont maîtres des délais pour les commandes.

••• (Produits chimiques), disent que les prix de revient sont augmentés, et par suite il y a un état d'infériorité vis-à-vis certaines nations voisines.

••• (Papiers, cartonnages), disent qu'il y a dans leur industrie lutte avec l'Allemagne, l'Autriche, l'Italie, qui travaillent onze et douze heures et fabriquent également pour l'exportation.

••• (Tanneries et mégisseries), considèrent qu'ils sont en état d'infériorité avec les pays étrangers qui n'ont pas de limites pour le travail, et en outre à cause des frais causés par la modification dans l'outillage.

••• (Forges et fonderies), considèrent les débouchés extérieurs comme compromis. Les salaires en Allemagne, en Autriche, en Italie, en Belgique, ne dépassent pas 5 francs par jour pour des journées de onze à douze heures, tandis qu'en France, ils varient entre 7 et 12 francs pour 10 heures. D'où augmentation du prix de main-d'œuvre en France et obligation de vendre plus cher sur les marchés extérieurs.

*** (Tissus, nouveautés), répondent qu'ils ont dû augmenter les prix de revient, les salaires ayant dû être augmentés.

*** (Filatures cotons, textiles, tissage de laines, teintures et apprêts), sont unanimes à signaler le danger de la loi de dix heures au point de vue de la concurrence étrangère.

*** (Textiles), déclare que la nouvelle loi diminue notre pouvoir de concurrence pour les articles classiques ou courants produits à l'étranger ; il ajoute qu'il serait nécessaire de refaire des traités de commerce pour éviter la guerre de tarifs tout à fait nuisible à l'industrie des textiles.

*** (Tissage de laines), dit exporter 35 0/0 de sa production ; les prix de revient sont grevés de 9 0/0 en filature et 5 0/0 en tissage.

*** (Tissage de laine, Roubaix), estime que la réduction d'heures et l'augmentation de salaires font un écart d'environ 10 0/0 ; nous sommes donc en infériorité à l'égard des Belges et des Allemands.

Par contre plusieurs industries ont déclaré que nos débouchés extérieurs ne seraient nullement compromis pour elles par suite de l'application de la nouvelle loi.

Ce sont : ***(chapeaux de paille), *** (tanneries, mégisseries), *** (papeteries), *** (pâtes alimentaires), *** (parfumerie), *** (dynamite), *** (imprimerie), *** (pianos), *** (maroquinerie), *** (vins et spiritueux), *** (brosserie).

18. — Croyez-vous qu'il serait avantageux ou nécessaire de faire au sujet de la journée de travail des conventions internationales ? Y aurait-il lieu de traiter, dans ces conventions, certaines questions concernant l'amélioration morale et matérielle du personnel ouvrier (employés et ouvriers)?

La plupart des industriels et commerçants considèrent avantageux de faire des conventions internationales au sujet de la durée de la journée de travail. Peu ont examiné la question au point de vue de l'amélioration à apporter, dans ces conventions, soit matériellement, soit moralement, au personnel ouvrier. Dans les réponses, il est rare de trouver une industrie estimant des conventions internationales sans avantage.

*** (Fourrures), réclame des conventions pour être en état de lutter avec l'Allemagne et l'Autriche, qui vendent meilleur marché.

Considèrent les conventions comme avantageuses *** (chiffons), *** (produits chimiques), *** (papier), *** (papeteries), *** (registres), *** (cartons), *** (cartons), à condition de les respecter, *** (billards), mais difficiles à réaliser, *** (cuirs et peaux), *** (verreries), *** (fonderies), *** (tissus élastiques), *** (tissus nouveautés), *** (chapeaux de paille), ***(pianos), *** (représentant de fabriques), *** (pâtes alimentaires), désireux d'améliorer le sort du personnel ouvrier, *** (teintures et apprêts).

*** (Produits chimiques), trouve que les conventions internationales sont nécessaires ; pour l'amélioration du sort du personnel ouvrier, c'est plutôt affaire de l'initiative privée.

*** (Produits chimiques), demande la liberté du travail ; il considère l'ingérence de l'État comme dangereuse.

*** (Pipes), estime qu'il faut le même régime ouvrier dans tous les pays producteurs; quant aux questions concernant l'amélioration morale et matérielle du personnel ouvrier, ce sont des questions privées, et non du domaine international.

••• (Tanneries), estime qu'il faut des conventions internationales réglant, en outre des heures de travail, l'amélioration morale et matérielle du personnel ouvrier.

••• (Fonderie), déclare qu'il y aurait lieu d'unifier les salaires, les ouvriers étrangers étant peu payés avec un travail plus considérable que les ouvriers français.

••• (Produits manufacturés en caoutchouc), souhaite une réduction analogue du temps de travail à l'étranger pour rétablir l'équilibre et ne pas augmenter la facilité de la concurrence étrangère.

••• (Vins et spiritueux), considère les conventions internationales comme justes et d'une utilité générale, et l'amélioration du personnel ouvrier comme devant être traitée par ces conventions.

••• (Parfumerie), considère que la loi de 1900 a pu être nuisible à bien des industries, notamment celles à petits bénéfices. Des conventions internationales sont donc utiles pour équilibrer les heures de travail. Quant à l'amélioration du personnel ouvrier, c'est plutôt chaque branche d'industrie qui doit s'en occuper, bien plus qu'une réglementation publique et internationale.

••• (Parfumerie), est tout à fait partisan de conventions internationales. Si un pays seul améliore le sort de l'ouvrier, il risque de se ruiner ; l'amélioration ne sera favorable à la production que si elle est générale à tous les États.

••• (Bijouterie), trouve avantageuse l'idée de conventions internationales pour éviter une concurrence défavorable.

••• (Textiles), croit qu'il y aurait avantage à établir des conventions internationales ; mais les pays à main-d'œuvre meilleur marché que la France n'accepteront jamais des conventions au sujet de la journée de travail.

••• (Tissage de laines), considère les conventions comme indispensables ; en France nous sommes allés trop loin ; il y aura des conséquences funestes qui ne peuvent que s'aggraver.

••• (Tissage de laines à Roubaix) est d'avis des conventions ; il est partisan de l'amélioration du sort du personnel ouvrier, en ajoutant que dans peu de régions l'ouvrier est aussi favorisé qu'à Roubaix.

Les industriels non partisans des conventions internationales, ou qui les considèrent comme difficiles à réaliser, sont les suivants :

***(Coton), dit qu'il n'y a pas lieu de faire des conventions internationales ; l'étranger ne les acceptera pas, ces conventions étant à son désavantage.

*** (Vins et spiritueux), croit que tout pays voudra agir à sa guise, et qu'il sera au surplus difficile de surveiller des conventions légales. Au point de vue moral il est excellent de réduire les heures de travail, si l'ouvrier les passe en famille ; mais ce n'est pas le cas en général. S'il a des heures de liberté, il les donne au plaisir ou à la boisson. Où est alors l'amélioration?

*** (Maroquinerie), croit les conventions impossibles ; en Allemagne le prix de main-d'œuvre sera toujours inférieur à celui réclamé à Paris.

***(Dynamite), *** (brosseries), ***(confections pour dames) répondent qu'il n'y a pas avantage à faire des conventions internationales. Même réponse de *** (fourrures).

*** (Meubles), trouve que les nécessités de l'industrie, à raison du temps, du lieu, du climat, des conditions économiques et sociales, du degré de civilisation, des besoins inhérents à chaque affaire, rendent impossibles à réaliser des conventions internationales.

ANNEXES

I. — RÉPONSE

AU QUESTIONNAIRE DE LA SOCIÉTÉ DES INDUSTRIELS ET COMMERÇANTS DE FRANCE (1).

1° La loi a été appliquée sans grève et sans difficulté, les salaires de nos ouvriers étant restés les mêmes, malgré la réduction de la durée du travail.

2° Non ; cette réduction ne s'imposait pas pour notre industrie.

Avant l'application de la loi, la journée de nos ouvriers était de onze heures de travail.

Les travaux de notre industrie ne sont pas pénibles, et nos ouvriers ne sont pas astreints à une dépense de forces pouvant nuire à leur santé morale ou physique.

Au 31 décembre 1903, notre fabrique comptait :

1 ouvrier comptant	53 ans de services		
1 »	»	42 »	»
1 »	»	33 »	»
25 »	»	de 20 à 27 ans de services	
26 »	»	15 à 20 »	» »
46 »	»	10 à 15 »	» »
plusieurs centaines »		1 à 10 »	» »

3° La réduction de la durée de la journée de travail a amené une diminution dans notre production ; pour y remédier. nous avons dû augmenter le nombre de nos ouvriers.

---

(1) Un des principaux industriels dans la parfumerie nous a adressé tardivement un travail très complet en réponse à notre questionnaire ; vu l'intérêt tout particulier que ce travail présente, nous jugeons devoir le reproduire *in extenso* à la fin de la présente enquête.

Le prix de revient de nos produits en a subi la répercussion.

4° Aucun salaire n'a été modifié.

5° Depuis le 29 juillet 1897, l'Inspecteur divisionnaire du Travail est autorisé, pour notre industrie, à lever temporairement les restrictions relatives à la durée du travail et l'obligation du repos hebdomadaire.

6° 1. La loi du 30 mars 1900 exige (art. 2) que la durée de la journée de travail soit la même pour les hommes adultes et les femmes employés dans les mêmes locaux. Nous croyons qu'il y aurait lieu d'établir une distinction.

Si le travail des hommes est subordonné à celui des femmes, et si les uns ne peuvent travailler sans les autres, nous comprenons fort bien que, pour éviter de surmener les femmes, on réduise la durée de la journée de travail pour les hommes. (C'est d'ailleurs là le but de la loi de 1900).

Mais il nous semble que la loi, — ou plus exactement, son application, — va trop loin, quand on veut appliquer la même solution au travail d'hommes occupés dans les mêmes locaux que des ouvrières, mais pouvant travailler indépendamment de ces dernières. Il nous semble qu'il ne devrait pas, dans ce cas, y avoir matière à réglementation de la durée de la journée de travail des hommes adultes.

2. La loi du 2 novembre 1892 a prévu fort à propos que la réglementation de la durée de la journée de travail pouvait, dans certains cas spéciaux, apporter de grosses entraves au développement des affaires. Elle a reconnu notamment que l'impossibilité pour certaines industries de constituer des stocks suffisamment importants pour pouvoir permettre d'exécuter en temps voulu les commandes urgentes entraînerait l'obligation de les autoriser à travailler pendant un certain nombre d'heures supplémentaires.

Ces industries ont été visées limitativement par des décrets. Nous croyons que, pour éviter d'être taxée d'arbitraire, la loi devrait permettre à tous les industriels de faire travailler au delà des dix heures réglementaires leur personnel féminin, chaque fois que les exigences des affaires rendraient cette mesure nécessaire.

Pour éviter des abus, le législateur pourrait d'ailleurs prendre telles précautions qu'il jugerait convenables. En dehors de la déclaration à l'inspection du travail, il pourrait, notamment, exiger que toute heure supplémentaire soit payée 10, 15, 20, ou 25 0/0 plus cher que l'heure de travail courant. Si cette mesure augmentait légèrement le prix de revient — (en tout cas dans une mesure peu sensible, puisque ces veillées devraient toujours avoir un caractère exceptionnel) — elle aurait en revanche l'avantage d'empêcher certainement l'abus des veillées et d'offrir toutes garanties aux partisans de la réglementation du travail, en même temps qu'une plus grande liberté aux industriels intéressés.

7° Par étapes, suivant les besoins de la production.

8° Les heures supplémentaires, avant l'application de la loi, ont toujours été payées moitié en sus du taux de celles de la journée. C'était un sacrifice que nous croyons utile de nous imposer pour éviter l'annulation de commandes qu'il nous fallait livrer rapidement dans un délai qui nous était imposé. Cette mesure est, pour la même raison, restée en vigueur depuis l'application de la loi.

9° La journée de dix heures et demie a amené chez nous une diminution dans la production individuelle de chaque ouvrière ; mais la main-d'œuvre n'intervenant pas comme facteur principal dans l'établissement de notre prix de revient, il nous a été possible de supporter seuls les frais résultant de cette diminution de rendement, et d'éviter d'en faire supporter le contre-coup par les ouvrières.

10° La loi de dix heures a apporté une nouvelle diminution dans la production individuelle de chaque ouvrière, sans avoir cependant aucune répercussion sur le montant de son salaire.

11° Depuis que la journée de dix heures est devenue obligatoire, on s'est efforcé de consacrer ces dix heures à un travail réellement effectif ; mais malgré les efforts de la direction, il nous faut encore défalquer du temps de travail près de un quart d'heure perdu tant pour la rentrée que pour la mise en train, et les préparatifs de départ.

12° Le travail de nos ouvrières est purement manuel, et ne peut être suppléé par des machines. Nous avons d'ailleurs, chaque fois que l'occasion nous en a été offerte, et dès avant la loi de 1892, apporté à notre outillage tous les perfectionnements que la science mettait à notre disposition.

13° La qualité de nos produits ne s'est nullement ressentie de la réduction des heures de travail. Ceci d'ailleurs était à prévoir, car notre personnel n'étant nullement surmené avant l'application de la loi, pouvait apporter alors autant de soin à l'exécution de son travail qu'il en apporte aujourd'hui.

14° Les travaux des femmes consistent principalement dans le conditionnement des articles fabriqués par le personnel masculin; elles étiquètent et coiffent les flacons, empaquettent les produits, etc. On ne peut assimiler leurs travaux à ceux des hommes.

15° Nous avons dit plus haut (§ 14) que le travail de l'ouvrière et celui de l'ouvrier n'étaient pas assimilables.

16° Le dimanche, tant à notre usine que dans nos magasins; mais nous comprenons très bien l'intérêt que pourraient avoir des négociants à établir un roulement dans leur personnel, des magasins de vente, de façon à éviter de refuser de faire des affaires le jour où le plus grand nombre d'acheteurs se trouvent avoir des loisirs.

17° Notre industrie étant surtout une industrie d'exportation, la journée de dix heures ne peut nous être que préjudiciable.

La parfumerie est actuellement une industrie essentiellement française, et aucune fabrication étrangère ne peut lui être comparée. Mais il sera toujours à craindre que l'aggravation du prix de revient, résultant de la diminution de la durée de la journée de travail, et des différentes charges qui pèsent sur l'industrie, ne permette à la concurrence étrangère de lutter à des conditions plus avantageuses sur les marchés rivaux, grâce à la différence trop accusée entre les prix de vente de nos produits, et ceux de nos concurrents étrangers. Cette situation se trouvera encore sérieusement aggravée le jour où les tarifs prohibitifs des différents pays, y compris le nôtre, auront achevé leur œuvre d'isolement.

18° Il serait avantageux de faire au sujet de la durée du travail des conventions internationales; mais de telles conventions devraient prévoir certaines sanctions, de façon à éviter qu'elles ne deviennent purement platoniques.

Les questions concernant l'amélioration morale et matérielle du personnel ouvrier pourraient être aussi abordées dans ces conventions.

Les principes de l'économie sociale et politique, de la prévoyance individuelle, des bienfaits de l'association mutualiste, et de l'enseignement anti-alcoolique, pourraient être utilement enseignés dans les écoles, même du premier degré, et dans les cours créés par les associations corporatives. Les conventions internationales réglant les conditions du travail pourraient attirer utilement l'attention des puissances contractantes sur l'opportunité d'une semblable mesure.

II. — OBSERVATIONS

COMMUNIQUÉES SUR LA LOI DU 30 MARS 1900.

MONSIEUR,

J'ai l'honneur d'appeler votre bienveillante attention sur l'état de choses suivant :

Dans mon établissement de Crépy-en-Valois, j'ai fondé, il y a environ vingt ans, une école d'apprentis destinée à former des ouvriers sculpteurs, graveurs, modeleurs, menuisiers, ébénistes et dessinateurs.

Avant l'année 1900, cette organisation marchait très bien et donnait des résultats satisfaisants. Les jeunes gens et les femmes travaillaient dix heures par jour. Les hommes adultes, eux, travaillaient selon le besoin des commandes, onze et douze heures, mais seulement pendant une partie de l'année.

Le travail se répartissait de la façon suivante :

Du 1er au 15 janvier, inventaire, réparation du matériel ; soit quinze jours de chômage pour tout le personnel, sauf pour les ouvriers adultes, travaillant à l'atelier de réparations (une quarantaine environ) ;

Du 15 janvier à fin mars, neuf heures par jour (travail de fabrication des modèles) ;

Du 1er avril à fin juillet, dix heures à dix heures et demie de travail ;

Du 1er août à fin septembre, onze heures ;

Du 1er octobre au 1er janvier, douze heures.

D'après cette répartition du travail, la moyenne de l'année était de dix heures un quart par journée de travail.

Avec la loi du 30 mars 1900, l'ouvrier ne peut plus faire que dix heures par jour de travail effectif ; or, plus que toute autre fabrique de meubles, je ne puis faire de stock important, ceci, à cause de la trop grande variété de modèles et de leur changement constant. Je dois, en effet, faire des modèles nouveaux au commencement de l'année, les soumettre ensuite aux clients, puis travailler sur les commandes fermes.

Il serait donc désirable pour moi que pendant cette dernière période, les adultes pussent travailler onze ou douze heures. La plus grande partie de mon personnel m'a d'ailleurs demandé à plusieurs reprises à faire de grandes journées ; devant l'impossibilité absolue de les satisfaire, un certain nombre ont quitté l'usine.

Dans mon établissement, les ateliers sont vastes, chaque ouvrier occupe, à lui seul, un espace au moins aussi grand que celui réservé à trois ou quatre ouvriers à Paris. M. l'Inspecteur du travail a pu s'en rendre compte.

Je vous remets une copie du contrat d'apprentissage en usage chez moi. Vous pourrez constater qu'il est beaucoup plus avantageux pour l'apprenti que le contrat usité à Paris.

Dans mon usine l'apprentissage ne dure que deux ans, et
l'apprenti touche une part de son travail sous forme de
salaire, ce qui l'encourage beaucoup.

La première année :

Pendant le 1er semestre, il reçoit 50 centimes par jour
de travail ;

Pendant le 2e semestre, il reçoit 80 centimes par jour
de travail.

La deuxième année :

Pendant le 1er semestre, il reçoit 1 franc par jour de
travail ;

Pendant le 2e semestre, il reçoit 1 fr. 25 par jour de
travail.

A Paris, la durée de l'apprentissage est de quatre années
et les apprentis ne sont pas payés.

Un effet appréciable de la nouvelle loi s'est déjà manifesté
dans la ville de Crépy, où les entrepreneurs de maçonnerie,
les menuisiers, les charrons ont renvoyé leurs apprentis de
façon à pouvoir faire travailler les adultes douze heures
par jour quand le besoin s'en fait sentir.

Je ne méconnais pas le but humanitaire de la loi
de 1900 ; il y a lieu évidemment de protéger les femmes
et les enfants employés dans l'industrie dans la mesure la
plus large possible, mais il me semble que le but du législateur a été dépassé, lorsque cette protection devient préjudiciable aux adultes.

Cette loi peut être appliquée sans doute aisément dans
certaines industries, mais dans celles où la formation
d'ouvriers par les écoles d'apprentis est nécessaire par la
nature même du travail, elle cause une gêne réelle.

Il suffit en effet d'un seul apprenti travaillant dans le
même local que des adultes pour empêcher ceux-ci de
compenser les pertes obligatoires de chômage, d'inventaire et de morte-saison par un gain plus élevé pendant
la période de presse, profits qu'ils pourraient tirer de
quelques heures de travail supplémentaire faites à ce
moment.

Pour permettre aux adultes de travailler selon les

besoins il existe un moyen. Ce moyen consiste à isoler les apprentis dans un ou plusieurs bâtiments ou locaux séparés.

A cette manière de faire, je vois cependant un grave inconvénient.

Dans l'atelier séparé, l'enfant, il est vrai, profite des leçons que son contremaître instructeur lui donne ; mais celui-ci est nécessairement obligé de borner ses démonstrations à des principes généraux puisqu'il doit s'adresser à un nombre plus ou moins grand d'élèves d'âge et de savoir différents. La surveillance étendue à laquelle il doit se livrer ne lui permet de faire exécuter que des travaux offrant peu de difficultés.

Dans l'atelier commun, au contraire, au contact journalier, permanent d'un ouvrier expérimenté qui sera parfois son père ou un membre de sa famille, l'enfant, avec plus de rapidité, acquiert son bagage d'ouvrier. Son éducation professionnelle se forme à son insu par la vue et la conversation familières ; son assimilation est plus complète, sa dextérité plus grande parce qu'il a l'occasion fréquente de coopérer à la création et à l'exécution d'objets fort variés. Tout le monde sait, d'ailleurs, qu'en matière de travail manuel, l'enseignement pratique est supérieur à l'enseignement théorique.

Tous les hommes de métier savent que pour arriver à faire soit un beau placage, soit un montage adroit, soit encore une sculpture ou un vernissage soignés, il faut pratiquer beaucoup et avoir regardé longuement.

Je répète qu'un des résultats indéniables de la loi de 1900 est d'obliger les industriels à se séparer des apprentis, c'est ce que, quant à moi, je désirerais éviter. Car si les industriels ne forment plus d'ouvriers, nous nous trouverons, dans quelques années, à la merci de l'étranger qui viendra s'implanter chez nous. Ce jour-là, l'industrie française, déjà si éprouvée, aura fait un pas en arrière.

Dans mon établissement de Crépy où j'occupe plus de 700 ouvriers, les articles fabriqués s'en vont en grande partie à l'étranger (malgré la concurrence, j'exporte encore plus de 2 millions de francs de marchandises de ma fabrication), et je crois qu'il est intéressant non seulement de favoriser l'écoulement au dehors mais encore d'empêcher les fabricants étrangers de faire pénétrer leurs produits chez nous, ce qui arriverait infailliblement s'il ne nous était plus possible de suffire à la consommation.

Comme conclusion et pour la raison capitale de la formation de bons ouvriers, comme je crois l'avoir expliqué plus haut, je demande que les apprentis puissent rester aux côtés des adultes dans l'atelier commun, qui constitue, à mon sens, la meilleure école pratique de travail.

En aucun cas, bien entendu, les jeunes gens ne travailleraient plus de 10 heures (cours compris). Les cours professionnels continueraient à leur être donnés par les contremaîtres dans le courant de la journée comme cela se passe actuellement, et non pas après le travail.

Une liste nominative serait fournie tous les mois à M. l'Inspecteur du travail, et si cette mesure était adoptée, je veillerai personnellement à sa rigoureuse observation.

J'appelle encore l'attention sur l'inégalité choquante existant entre les fabricants formant des apprentis et ceux qui n'en forment pas.

Je prends comme exemple deux industriels, l'un occupant 200 ouvriers avec 20 apprentis, l'autre occupant 200 ouvriers mais n'ayant pas d'apprentis.

Au premier, il faudra d'abord plus de place, partant de loyer; puis il ne pourra faire que dix heures en tout temps alors que le second fera douze heures quand il lui conviendra. Le second réalisera donc de ce seul fait une économie de frais généraux de 20 0/0 sur son concurrent, sans tenir compte encore qu'il sera entièrement le maître de sa production.

Ensuite, lorsque les apprentis de son voisin seront formés, il les lui enlèvera, parce que ceux-ci seront attirés par le salaire supérieur correspondant au plus grand temps de travail.

Ainsi, les efforts de l'homme qui se sera évertué à faire des ouvriers et qui, pour cela, aura eu à lutter dans des conditions d'infériorité d'au moins 20 0/0 ne seront pas couronnés ; tout au contraire, il se verra soustraire le fruit de son dévouement.

Pour arriver à rétablir l'égalité entre tous les fabricants, *surtout en province*, il serait nécessaire de permettre à tous les hommes adultes, sans aucune exception de travailler jusqu'à douze heures et, comme il est aussi indispensable que les apprentis travaillent dans les grands ateliers, lorsque la journée de travail dépasserait dix heures, le travail, pour eux, ou commencerait après les adultes, ou finirait avant, ou bien, commencerait après et finirait avant, de façon que la limite de dix heures ne soit jamais dépassée.

Mayenne, Imp. Ch. Colin.

9 782329 007977